AF509631

LES FILLES DE L'AIR

FOLIE-VAUDEVILLE EN UN ACTE,

PAR

MM. COGNIARD FRÈRES ET TH. NEZEL,

Représentée pour la première fois, à Paris, sur le théâtre des Variétés, le 14 octobre 1851.

Distribution de la pièce.

LE BARON DE CASTEL - FÊLÉ.	MM.	LASSAGNE.
NÉPOMUCÈNE, son fils.		KOPP.
Mme DE LA PÉTAUDIÈRE.	Mlles.	JOLLIVET.
MICHELETTE, sœur de lait de Népomucène, paysanne orpheline.		VIRGINIE-DUCLAY.
NINI FICHON. . . . . } Filles de l'air. .		ALICE OZY.
TOINETTE DE LA FLUTE. }		BOISGONTIER.
HERCULE, écuyer à l'Hippodrome.	MM.	DELIÈRE.
GRENOUILLARD, Jardinier.		JEAULT.
PRUDENCE, nièce de Mme de la Pétaudière. .	Mlle	MARIE.

La scène se passe en Belgique, près la frontière.

LES FILLES DE L'AIR.

Un parc ; à gauche, un berceau avec table et chaises de jardin ; à droite, un bosquet avec un banc de gazon, à gauche ; après le berceau, une escarpolette placée en biais de manière à faire presque face au public. Un petit tertre est adossé à un des arbres de la balançoire, celui qui est vers le milieu. (Toutes les indications sont prises du spectateur.)

SCÈNE PREMIÈRE.

GRENOUILLARD, *seul d'abord,* puis LE BARON *et* MADAME DE LA PÉTAUDIÈRE.

GRENOUILLARD, *appuyé sur le manche de son râteau.*

J'en peux plus ! Dire que de depuis le petit jour que je suis comme ça... sans m'arrêter !.. On a ben raison de dire que la condition d'un travailleur est rude !... Mais, bon Dieu, quand donc qu'il me sera permis de me reposer un brin ! Qu'eu métier ! qu'eu métier ! (*Le baron est entré en donnant le bras à madame de la Pétaudière, qui tient un petit chien sous son bras. — Ils arrivent par le fond à gauche.*)

LE BARON. *

En vérité, vous me rendez le plus heureux des mortels !

MADAME DE LA PÉTAUDIÈRE, *minaudant.*

Silence devant ce garçon... (*Elle montre Grenouillard.*)

LE BARON.

Je ne l'avais pas aperçu... Que fais-tu là, Grenouillard ? (*Il va à lui.*)

GRENOUILLARD. **

Monsieur peut le voir... je travaille... je ratisse...

LE BARON.

En t'appuyant sur ton râteau ?

GRENOUILLARD.

Nous nous soutenons mutuellement pour le quart d'heure !.. on n' peut pas toujours aller... dà !

MADAME DE LA PÉTAUDIÈRE, *au baron.*

Ce garçon n'est qu'un sot !.. il me déplaît... renvoyez-le...

GRENOUILLARD, *qui a entendu.*

Si vous plaît ?... (*A part.*) Un sot !

LE BARON.

Grenouillard, tu ennuies madame de la Pétaudière !... va-t'en au potager ; ou plutôt non, va me chercher mon fils... le chevalier de Castel-Fêlé...

---

* Grenouillard, Mme de la Pétaudière, le Baron.

Grenouillard, le Baron, Mme de la Pétaudière.

GRENOUILLARD.

Monsieur Népomucène... Mais faudrait-il savoir ousqu'il peut être au moins... le parc est grand, et j'sommes si fatigué; depuis le matin qu'j'pioche ....

MADAME DE LA PÉTAUDIÈRE.

Faites-donc ce qu'on vous dit sans raisonner... paresseux !..

LE BARON.

Faites donc ce qu'on vous dit sans raisonner, paresseux !

GRENOUILLARD.

On s'en va ! (*A part, en remontant.*)* Si cette femme-là m'appartenait avec son bichon !.. j' les ferions empailler tous les deux !

LE BARON.

Eh bien ?..

GRENOUILLARD.

On s'en va !.. Je cours après monsieur votre fils. (*Il sort très-lentement par le fond à droite.*)

LE BARON. **

Maintenant que nous sommes seuls, permettez-moi de baiser cette jolie main, pour vous remercier du double honneur que vous voulez bien me faire !

MADAME DE LA PÉTAUDIÈRE.

Eh ! mon Dieu, baron, à quoi bon vous mettre en frais de sentiments. Nous ne faisons pas un roman, nous traitons une affaire !.. Je suis plus riche que vous, mais vous avez un beau nom.

LE BARON.

Je m'en flatte!... Baron de Castel-Félé. Nous datons de la fondation de la monarchie belge.

MADAME DE LA PÉTAUDIÈRE.

J'échange mon nom de veuve de la Pétaudière contre celui de baronne de Castel-Félé... Je donne ma nièce au chevalier votre fils... c'est un garçon élevé dans d'excellents principes...

LE BARON.

Oh ! je le crois bien... il n'a jamais quitté ce château ! C'est doux comme un petit agneau, craintif comme un petit lapin, innocent comme un petit pigeon au berceau !..

MADAME DE LA PÉTAUDIÈRE.

Tout est pour le mieux ! Ah !.. il serait urgent de prévenir votre fils, pendant que je vais aller chercher ma nièce Prudence à son pensionnat... Mais avant de me livrer à vous par-devant notaire, baron, il me reste une demande à vous faire...

LE BARON.

Faites, belle dame !..

MADAME DE LA PÉTAUDIÈRE.

Aimez-vous les animaux ?

---

* Le Baron, Grenouillard, Mme de la Pétaudière.
** Le Baron, Mme de la Pétaudière.

LE BARON.

Je ne peux pas les souffrir.

MADAME DE LA PÉTAUDIÈRE.

Hein ?.. Alors rien de fait entre nous.

LE BARON, *à part.*

Oh quelle bourde ! (*Haut.*) Non, je ne peux pas les souffrir.. à l'exception d'un seul !... d'un seul....

MADAME DE LA PÉTAUDIÈRE.

Lequel ?

LE BARON.

Vous ne devinez pas ?... Tenez je passe la main sur ses soyes.... (*Il caresse le chien.*)

MADAME DE LA PÉTAUDIÈHE.

Mirza !

LE BARON.

Qui ne chérirait pas cette petite bibiche à sa mémère !... Aïe ! elle vient de me mordre...

MADAME DE LA PÉTAUDIÈRE.

Oh ! ce n'est rien !... elle joue !

LE BARON.

Elle est pleine d'intelligence !... charmante petite bête, va ! petit n'amour !

MADAME DE LA PÉTAUDIÈRE.

A la bonne heure !.. Ainsi, baron vous me promettez que si Mirza tombait malade...

LE BARON.

Oh ! ne parlons pas de cela... rien que d'y penser...

MADAME DE LA PÉTAUDIÈRE.

Bien... ces sentiments font l'éloge de votre cœur... Je vais chercher ma nièce...

LE BARON.

Ma calèche est à votre disposition.

MADAME DE LA PÉTAUDIÈRE.

Je préfère aller à pied... la voiture incommode Mirza.

LE BARON.

Ah ! s'il en est ainsi, je veux mettre bas mes équipages....

MADAME DE LA PÉTAUDIÈRE.

Vous êtes un homme charmant !.. Vous voulez donc qu'on vous adore !...

LE BARON, *appuyant sur chaque mot.*

Je ne demande pas mieux... belle dame... (*Il lui offre la main et ils remontent un peu.*)

ENSEMBLE.

AIR : *O bonheur ! ô douce ivresse.*

LE BARON.	MADAME DE LA PÉTAUDIÈRE.
Hâtez-vous, belle comtesse,	Je cesse d'être comtesse,
De couronner ma tendresse ;	Pour voir grandir ma noblesse,
A l'amour	A l'amour
A l'allégresse,	A l'allégresse,
Consacrons ce jour.	Consacrons ce jour.

(*Le baron et madame de la Pétaudière sortent par le fond, à droite.*)

SCÈNE II.

GRENOUILLARD, *puis* MICHELETTE.

GRENOUILLARD, *seul, sortant du bosquet.*

Plus souvent que j'ons été courir après l'héritier de Monsieur!... J'ons trouvé plus commode de m'étendre derrière c'te charmille... et j'ons tout entendu. Ah! ils veulent réunir leux deux fortunes pour n'en faire qu'une seule! par ainsi j'aurions donc c'te vieille-là pour bourgeoise... une femme folle à l'endroit des chiens... et qui, à l'endroit des jardiniers... doit les faire piocher, bécher, et arroser toute la sainte journée. Non, non, ce double mariage ne me va point... je refuse mon consentement...

MICHELETTE, *entrant par le fond à droite, elle chante.**

> Il pleut, il pleut, bergère,
> Rentrez vos blancs moutons...

(Elle s'arrête en apercevant Grenouillard.)

GRENOUILLARD.

Tiens, c'et Michelette...

MICHELETTE.

Tiens!... c'est Grenouillard! Bonjour, Grenouillard...

GRENOUILLARD.

Bonjour, Michelette!... Mais attendez-donc, vous, vous me donnez une fière idée... (*A part.*) Michelette, la sœur de lait de monsieur Népomucène... et jolie!... si je lui fourrais dans la tête... pourquoi pas?...

MICHELETTE, *remontant.*

Eh bien! où est-elle cette idée?

GRENOUILLARD, *passant à droite.***

Oui, oui, vous avez beau regarder de tous les côtés, mam'-selle, il n'y est point.

MICHELETTE.

Qui ça?

GRENOUILLARD.

Eh ben! celui que vous cherchez, donc!

MICHELETTE.

Moi je ne cherche personne.

GRENOUILLARD.

C'est pas à moi qu'il faut dire ça... j'ons des yeux.

MICHELETTE.

Oui vous en avez deux, et ils ne sont pas beaux.

GRENOUILLARD.

Possible ... mais ils sont bons, et ils voient très-clair.

MICHELETTE.

Qu'est-ce qu'ils voient donc si bien?

* Grenouillard, Michelette.
** Michelette, Grenouillard.

GRENOUILLARD.

Ils ont vu que vous veniez ici dans l'espoir de rencontrer monsieur Népomucène.

MICHELETTE.

Oui dà... eh bien, Grenouillard, vos yeux ont besoin de lunettes...

GRENOUILLARD.

Voyons, à quoi bon faire des cachotteries? vous ne l'aimez peut-être pas monsieur Népomucène ?

MICHELETTE.

Certainement, je l'aime, parce que c'est mon frère de lait...

GRENOUILLARD.

Et que vous avez bu à la même tasse... connu... eh ben ! où est le mal après tout ?

MICHELETTE.

Mais je sais ben qu'il n'y a pas de mal.

GRENOUILLARD.

Pourquoi donc que vous n'auriez pas de *la* penchant pour lui, donc... il se consomme assez pour vous, lui !...

MICHELETTE.

Lui... qu'est-ce que ça veut dire qu'il se consomme?...

GRENOUILLARD.

Il n'y a pas deux minutes qu'il me disait encore : Grenouillard, je suis consommé !... J'aime Michelette... j'idole Michelette...

MICHELETTE.

Ah ! bah !

GRENOUILLARD.

Mon ami, qu'il ajoutait, il me faut Michelette ou la mort...

MICHELETTE.

Ah ! mon Dieu ! il se pourrait !...

NÉPOMUCÈNE, *en dehors, chantant.*

Toi que l'oiseau ne suivrait pas,
Ah ! ah ! ah ! ah ! ah !

GRENOUILLARD.

Tiens, justement, je l'entends...

MICHELETTE, *vivement.*

Oh ! alors je m'en vais (*Elle va pour s'éloigner.*)

GRENOUILLARD, *la retenant.**

Ah ben ! v'là qui serait bête... (*A part.*) A l'autre à présent.

----

* Grenouillard, Michelette.

SCÈNE III.

LES MÊMES, NÉPOMUCÈNE, *il entre par le fond, à droite, en sautant à la corde et en continuant de chanter.*

GRENOUILLARD, *à Michelette.**

Hein, comme il vous cherche ?

MICHELETTE.

Il n'en a pas trop l'air... Il ne me voit seulement pas...

GRENOUILLARD.

C'est pour ça qu'il vous cherche.

NÉPOMUCÈNE, *sautant toujours.*

Tiens ! c'est Michelette ! ça va bien ce matin, Michelette ?

MICHELETTE, *baissant les yeux.*

Vous êtes bien bon... (*A part.*) Maintenant que je sais qu'il m'aime... je n'ose plus le regarder... le cœur me bat !

GRENOUILLARD, *à part.*

Allons, faut que l'embrasement devienne général...

NÉPOMUCÈNE, *qui s'est rapproché.*

Qu'est-ce que tu as donc, est-ce que tu serais malade, Michelette ?

MICHELETTE.

Non, non, monsieur Népomucène.

GRENOUILLARD, *bas à Népomucène.*

Elle est amoureuse. (*Il passe à gauche.*)

NÉPOMUCÈNE, *bas.***

Ah bah !... ah bien... par exemple... et de qui donc ?

GRENOUILLARD, *bas.*

De vous...

NÉPOMUCÈNE, *bas.*

Hein... tu dis ?...

GRENOUILLARD, *bas.*

Chut ! elle se consomme pour vous... la pauvre petiote,.. elle vous aime avec une grosse frénésie, allez !... je l'ai entendue qui grommelait l'aut' soir en vous regardant : Lui, ou la mort !

NÉPOMUCÈNE, *bas.*

Vraiment ! chère Michelette !

GRENOUILLARD, *bas.*

Allez tout droit votre petit bonhomme de chemin, puisqu'elle vous correspond...

NÉPOMUCÈNE, *bas.*

Si papa allait venir...

GRENOUILLARD, *bas.*

Pas de danger... si je le rencontre je l'enverrai promener d'un autre côté (*A part, en remontant.*)*** On dit que je ne fais

---

* Népomucène, Grenouillard, Michelette.
** Grenouillard, Népomucène, Michelette.
*** Népomucène, Grenouillard, Michelette.

rien... il me semble que je viens de faire pas mal de besogne.
(*Il sort par le fond, à droite.*)

SCÈNE IV.

MICHELETTE, NÉPOMUCÈNE.

NÉPOMUCÈNE, *à part.**
C'est drôle !... ce qu'il vient de me dire là... ça me donne comme des éblouissements.

MICHELETTE, *à part.*
C'est pas moi qui commencerai à parler, toujours !

NÉPOMUCÈNE.
Michelette ?

MICHELETTE.
Monsieur Népomucène !...

NÉPOMUCÈNE.
Ça te fait-il plaisir d'apprendre que nous nous adorons.

MICHELETTE.
Oui, monsieur Népomucène.

NÉPOMUCÈNE.
Pourquoi ne me regardes-tu pas ?

MICHELETTE.
Je n'ose pas.

NÉPOMUCÈNE.
Eh bien ! moi c'est le contraire... j'ai besoin de te regarder... Je n'avais jamais remarqué comme ton bras est blanc, comme ton pied est petit, comme ta taille est ronde, comme ta main est douce... (*Il lui prend la main.*) Est-ce que c'est bien vrai que tu m'aimes... autant que ça ?

MICHELETTE.
Faut croire que c'est vrai... puisque Grenouillard prétend que vous m'aimez aussi à en devenir fou...

NÉPOMUCÈNE.
Oh ! s'il nous a dit ça !... c'est qu'il s'y connaît lui... Eh bien ! c'est dit... nous allons nous mettre à nous adorer... veux-tu, Michelette ?

MICHELETTE.
Je ne demande pas mieux... seulement, si ce que nous allons faire était mal...

NÉPOMUCÈNE.
S'adorer ! ça ne peut pas faire de mal...

MICHELETTE.
Et dire que ce matin nous n'y pensions ni l'un ni l'autre.....

NÉPOMUCÈNE.
Nous en avions l'air.... mais au fond, vois-tu, nous n'étions pas fâchés de nous trouver ensemble... de nous balancer sur cette escarpolette...... Ah ! sapristi !

---

* Népomucène, Michelette.

MICHELETTE.

Quoi donc?

NÉPOMUCÈNE.

Je suis ton amoureux et je ne t'ai pas encore embrassée....
Quelle étourderie!

MICHELETTE, *avec pudeur.*

Mais, est-ce que c'est bien nécessaire?

NÉPOMUCÈNE.

Nécessaire!... C'est indispensable, ou alors nous ne serions
pas amoureux.

MICHELETTE.

Du moment que c'est indispensable! (*Népomucène l'embrasse,
ils jettent un cri en même temps.*)

ENSEMBLE.

Ah!..

NÉPOMUCÈNE, *avec exaltation.*

Oh! que c'est bon!... Michelette!... Oh! que c'est bon!...
Michelette..... encore.....

MICHELETTE, *reculant.*

Il me fait peur!

AIR : *De l'Éclair de Denault.*

NÉPOMUCÈNE
Ah! quel feu me dévore!

MICHELETTE.
Comment donc l'apaiser :

NÉPOMUCÈNE.
Viens là, plus près encore ;
Je veux prendre un autre baiser.

MICHELETTE.
Non je dois vous défendre,
Monsieur, de m'embrasser.

NÉPOMUCÈNE.
Je ne veux rien entendre
Et je prétends recommencer.
(*Michelette passe à gauche.*)

REPRISE ENSEMBLE.*

Ah! quel feu le/me dévore!

Rien ne peut m'apaiser!
Comment donc l'apaiser ?

Viens-là,/Quoi! là, plus près encore!

Je veux/Il veut prendre un autre baiser !

Tu voudrais me/Non je dois vous défendre

En vain de t'/Monsieur de m', embrasser ;

Je ne veux/Il ne veut rien entendre,

Et je prétends/Il veut il veut recommencer.

* Michelette, Népomucène.

SCÈNE V.

LES MÊMES, GRENOUILLARD.

GRENOUILLARD, *entrant par le fond, à droite.* *

Alerte ! voilà monsieur le baron qui vient par ici !

NÉPOMUCÈNE, *se levant.*

Papa ! sauvons-nous... Viens, Michelette ! (*Ils remontent.*)

GRENOUILLARD, *les arrêtant.***

Du tout, du tout.... je l'emmène moi, cette enfant, vous ne devez pas compromettre sa gloire. Et du moment que vous avez flamboyé son cœur, vous devez la demander en mariage ; si votre papa refuse, faut résister.... parce que cette petite irait se *nayer* dans l'étang, si vous la plantiez là.

NÉPOMUCÈNE.

Tu as raison, je suis un homme libre.... et j'ai le droit d'épouser Michelette....

MICHELETTE.

Vous m'épouseriez ?

GRENOUILLARD.

Plutôt deux fois qu'une..... pas vrai ?

NÉPOMUCÈNE.

Oh oui !.. Oh ! oui !

MICHELETTE, *allant à lui.*

Je serais madame Népomucène !

GRENOUILLARD. *On entend tousser.****

La toux paternelle (*à Michelette*), filons ! (*à Népomucène*) et vous du courage auprès du papa !

ENSEMBLE.

AIR *de la Dame voilée.*

De la prudence éloignons-nous,
éloignez-vous,

Papa
L' baron s'avance ;
Douce espérance.

NÉPOMUCÈNE.

Oui, je veux être ton époux (*bis*).

GRENOUILLARD.

Vous devez être son époux (*bis*).

MICHELETTE.

Oh ! quel bonheur, lui, mon époux (*bis*).

(*Grenouillard sort avec Michelette par le berceau à gauche.*)

SCÈNE VI.

NÉPOMUCÈNE, LE BARON.

LE BARON, *entrant par le fond, à droite.* ****

Ah ! enfin, te voilà, chevalier !

* Michelette, Népomucène, Grenouillard.
** Michelette, Grenouillard, Népomucène.
*** Grenouillard, Michelette, Népomucène.
**** Népomucène, le Baron.

NÉPOMUCÈNE.

Papa, je vous cherchais.

LE BARON.

C'est comme moi, chevalier.

NÉPOMUCÈNE.

Papa, j'ai besoin de vous ouvrir mon cœur....

LE BARON.

Ouvre vite.... et dépêche-toi, mon ami.

NÉPOMUCÈNE.

Papa, j'ai vingt et un ans...

LE BARON.

Cela est exact....

NÉPOMUCÈNE.

Je suis majeur...

LE BARON, *à part.*

Où en veut-il venir !

NÉPOMUCÈNE.

Papa, j'ai des aspirations étranges!... J'entends autour de moi, comme un concert où mon cœur fait sa partie.... mais où il manque une voix de femme.... et je voudrais compléter le duo..... Papa, je voudrais me marier!

LE BARON.

Bravo !... c'est positivement ce que j'avais à vous dire, chevalier.

NÉPOMUCÈNE.

Il se pourrait! vous consentiriez... Ah! quel bonheur! Permettez que je coure lui annoncer cette bonne nouvelle....(*Il va pour sortir par le berceau.*)

LE BARON, *le retenant.*

A qui ?

NÉPOMUCÈNE.

A celle dont vous parlez...

LE BARON.

Nous irons ensemble, chevalier, sa tante nous attend.

NÉPOMUCÈNE.

Sa tante?

LE BARON.

Sans doute, madame de la Pétaudière, qui est allée chercher sa nièce, mademoiselle Prudence, à son pensionnat : nous faisons un double mariage.... J'épouse, moi, madame veuve de la Pétaudière!..

NÉPOMUCÈNE

Permettez, papa, ce n'est plus ça... je n'aime pas du tout mademoiselle Prudence... moi!

LE BARON.

Eh bien !.. est-ce que j'aime la tante moi, chevalier? pas le moins du monde... j'en serais désolé.

NÉPOMUCÈNE.

Vous, papa, c'est bien différent.

LE BARON.

Aimes-tu mieux épouser la tante ?.. j'épouserai la nièce.... je n'ai pas de préférence.... (*Il tousse.*)

NÉPOMUCÈNE.

Ni l'une ni l'autre... vous allez tout savoir....

LE BARON.

Je n'ai pas le temps de vous écouter, chevalier, ces dames nous attendent.

NÉPOMUCÈNE.

Il faut pourtant bien que vous sachiez....

LE BARON.

Non.... J'ai des ordres à donner avant notre départ. (*Apercevant Grenouillard, qui vient d'entrer par le fond, à gauche, et qui a traversé le théâtre, en tâchant d'écouter.*) Ah !.. Grenouillard !

SCÈNE VII.

LES MÊMES, GRENOUILLARD.

GRENOUILLARD, *s'approchant.**

Monsieur le baron ?

LE BARON.

Tu vas dire à Michelette que nous déjeunerons sous ce bosquet... qu'elle mette quatre couverts.... qu'elle serve le homard et le pâté qu'on m'a adressés de Paris, une volaille, et.... en fait de vin, du champagne.... Tu m'entends. ?...

GRENOUILLARD, *sortant par le fond, à gauche.*

Suffit... Monsieur... je vas trouver Michelette....

NÉPOMUCÈNE, *se levant.***

Avant tout, papa... apprenez que celle qui doit faire sa partie dans mon duo...

LE BARON.

C'est bien... Donnez-moi votre bras... vous me conterez tout cela en route... Venez, chevalier... venez... (*Ils sortent par le fond à gauche.—Musique à l'orchestre.*)

SCÈNE VIII.

NINI, TOINETTE, HERCULE.

(*La scène reste vide un moment. On entend crier d'en haut.*)

NINI, *en dehors.*

Finissez, Hercule, ou je vais me fâcher...

HERCULE, *idem.*

Encore un mot, et je vous débarque ici...

TOINETTE, *idem.*

Tiens, nous nous en moquons pas mal... (*On voit tomber un bouquet au milieu de la scène.*)

NINI, *idem.*

Là !... voilà mon bouquet à bas, à présent !... Vous êtes joliment maladroit !...

* Népomucène, le Baron, Grenouillard.
** Népomucène, le Baron.

HERCULE, *en dehors.*

Allons... allez le ramasser votre bouquet, criarde !... (*On entend jeter quelques cris.*)

TOINETTE, *idem.*

Aïe !... nous accrochons !... Ouf !... Ah ! que c'est donc
bête !... (*Entrée de Nini, de Toinette et d'Hercule par le fond à
droite. — Fin de la musique.*)

TOINETTE.*

C'est fini... par exemple... je n'y remonte plus dans son
ballon...

NINI, *s'appuyant sur le bras d'Hercule.*

Ni moi !...

HERCULE, *à Nini.*

Voyons, ma petite chatte, appuyez-vous sur moi... Hercule
Tremplin, écuyer de première classe... Hercule ploie, mais ne
rompt pas.

TOINETTE.

Et vous m'allez dire que c'est des procédés çà... Ce Godard
qui, pour quelques mots en l'air, nous jette ici, comme des pa-
quets de n'importe quoi... !

NINI.

Et ça se donne pour un homme bien élevé !...

HERCULE.

Et, mais, quand on est à trois mille mètres au-dessus du ni-
veau de la Seine !...

NINI.

Ah ça, où sommes-nous, ici ?... Tiens, mon bouquet !... je le
repince !... (*Elle le ramasse et passe à gauche.*)

TOINETTE.**

Ça me fait l'effet d'un parc...

HERCULE.

Tout ce que je puis vous dire, c'est que nous avons franchi
la frontière de la Belgique.

NINI.

Peut-on vous ballonner aussi loin que ça !

TOINETTE.

Tiens ! une escarpolette !... quelle chance !

NINI.

Si nous pouvions être tombées chez un homme riche et hos-
pitalier...

TOINETTE.

Ou un brasseur belge...

HERCULE.

Pour t'en brasser ?... (*Il prend la taille de Toinette, qui lui
échappe et passe à droite.*)

NINI.***

Hercule, je n'aime pas les gens d'esprit...

* Toinette, Hercule, Nini.
** Nini, Toinette, Hercule.
*** Nini, Hercule, Toinette.

TOINETTE.

Ils ont toujours quelques bêtises à dire...

NINI.

Avec tout ça, je ne vois âne qui vive ici... Depuis hier que nous avons quitté l'Hippodrôle...

HERCULE.

Comment dites-vous ça ?...

NINI.

Eh bien! l'Hippodrôle...

HERCULE, *passant à droite.*

C'est assez drôle, ce que vous dites...

NINI.*

J'aimerais assez à me lester l'estomac.

TOINETTE.

Moi, je prendrai tout ce qu'il y a de plus lest... j'ai une faim de rhinocéros !...

NINI.

Mais j'y pense, à propos de lest... ce gueusard d'aéronaute, pour monter plus haut, n'a-t-il pas jeté notre paquet, et nos robes avec le reste !...

HERCULE.

Il le fallait !... nous avions promis d'atteindre quatre mille mètres.

TOINETTE.

Ainsi, nous voilà réduites à nous promener en maillots !... ça va être gentil !...

AIR : *Du petit chapeau.*

Ma chère, en maillot chair,
Nous froissons les usages,
De deux femmes sauvages,
Nous avons presque l'air.
Ce costume n'a rien d'inquiétant pour la douane,
Mais comment échapper aux regards du profane ?
Lorsque pour bouclier, on n'a qu'un maillot chair.
Observons-nous ma chère, sous notre maillot chair.

HERCULE.

Dame! vous êtes mises comme des sylphides... C'est le costume de l'emploi.

NINI, *passant près d'Hercule.***

Et, sous ce prétexte aérien, est-ce qu'il va falloir vivre de l'air du temps?...

HERCULE.

Allons, calmez-vous, je vais aider Godard à raffistoler le filet... et j'irai ensuite à la découverte...

* Nini, Toinette, Hercule.
* Toinette, Nini, Hercule.

NINI.

N'oubliez pas que nous desséchons de soif et de faim.

AIR : *Sylphide légère*.

Mon estomac vide,
Réclame à grands cris :
Queq' chos' de solide,
Ou bien je péris !

HERCULE.

Je vais, ma sylphide,
Sur ce sol nouveau,
Chercher du liquide.

TOINETTE.

Avec un peu d'veau.

REPRISE ENSEMBLE.

HERCULE.	**NINI ET TOINETTE.**
Son estomac vide,	Mon estomac vide,
Réclame à grands cris :	Réclame à grands cris :
Queq' chos' de solide,	Queq' chos' de solide,
Je vais, mes houris,	Ou bien je péris !
Et d'un pas rapide,	Allez, cher Alcide,
Sur ce sol nouveau,	Sur ce sol nouveau.
Chercher du liquide,	Chercher du liquide,
Avec un peu d'veau.	Avec beaucoup d'veau.

(Hercule sort par le fond à droite.)

TOINETTE, *criant.*

Et de la gelée !...

SCÈNE IX.

NINI, TOINETTE.

NINI. [*]

Ma foi, ils peuvent partir sans nous... je ne tiens pas à retourner à l'Hippodrôle.

TOINETTE.

Et moi, donc ! se faire enlever deux fois par semaine pour gagner soixante francs par mois... il n'y a que de l'air à boire.

NINI.

Et des coups d'air à attraper... Ah ! ça, on ne voit personne ici ?... Est-ce que nous serions tombées dans une île déserte ?...

TOINETTE.

Celle de Robinson, peut-être...

NINI.

D'autant plus que c'est demain vendredi.

TOINETTE.

Si nous allions à la découverte, nous-mêmes ?

NINI.

Avec notre tenue de femmes sauvages !... ce serait peut-être

[*] Toinette; Nini.

se risquer... et puis j'éprouve le besoin de me reposer... Voilà un banc de gazon qui me tend les bras, je m'y précipite... (*Elle s'étend sur le banc de gazon à droite.*) Là !...

TOINETTE.

Une fois... deux fois, tu ne veux pas venir?...

NINI.

Je suis trop bien comme ça.

TOINETTE.

Tant pis pour toi... si je rencontre la première le seigneur de ce château, je l'épouse !... je n'aurai pas à redouter ta concurrence... Bien du plaisir, Nini... (*Elle sort par le fond à droite.*)

NINI, *criant.*

Adieu, Toinette, si tu peux te procurer une croûte de n'importe quoi... pense à ton amie...

TOINETTE, *du dehors.*

Sois tranquille !...

SCÈNE X.

NINI, *couchée sur le banc, puis* MICHELETTE, *avec un grand panier, puis ensuite* NÉPOMUCÈNE.

NINI, *seule.*

Cette pauvre Toinette qui va chercher une connaissance dans ce pays inconnu.... Bah! moi, je me tiens à l'affût !... (*Michelette entre par le fond à gauche, et vient dans le berceau par derrière.*) C'est drôle... mes yeux ont l'air de vouloir fermer leurs persiennes... (*Elle s'endort.*)

MICHELETTE, *posant son panier sur une chaise et mettant le couvert.* *

Ouf! j'en peux plus !... C'est-y Dieu possible que ça soit vrai, ce que m'a dit Grenouillard... ce couvert que je mets là... ce serait pour mes fiançailles !... Mais pourquoi qu'il avait un air tout chose en me disant ça... Grenouillard!... mes fiançailles!... si c'était vrai !...

NINI, *à demi-endormie.*

Si ce pays produit des truffes et des cachemires, je m'y fixe!

NÉPOMUCÈNE, *accourant du fond à droite, et regardant s'il n'est pas suivi.***

Pstt! Michelette !... Michelette !...

MICHELETTE, *sortant du berceau par le devant et courant à lui.*

Ah! c'est lui !... (*Ils restent au fond.*)

NINI, *s'éveillant en sursaut et se mettant sur son séant.*

Hein? qui appelle?

NÉPOMUCÈNE, *à Michelette.*

Je viens de lâcher papa !... Tout est perdu, ma pauvre Miche-

* Michelette, Nini.
** Michelette, Népomucène, Nini.

lette!... (*Il se laisse tomber sur un petit tertre qui est au pied d'un des arbres de la balançoire.*)

MICHELETTE.

Perdu !...

NINI.

Tiens, un nid de tourtereaux... écoutons-les roucouler!...

MICHELETTE.

Il ne veut donc plus maintenant?

NÉPOMUCÈNE.

C'est-à-dire qu'il n'a jamais voulu...

NINI, *à part.*

Et eux, ils voudraient bien... c'est si naturel !...

MICHELETTE.

Mais, qu'est-ce donc que Grenouillard est venu m'annoncer que votre père consentait, et que je devais apprêter ici le repas de nos fiançailles...

NINI, *à part.*

Un repas!... je vais m'inviter...

NÉPOMUCÈNE, *se levant.*

Hélas! c'est le repas des funérailles, car il est destiné à madame de la Pétaudière et à sa nièce, une demoiselle Prudence, qu'on me destine, à moi...

NINI, *à part.*

Il paraît qu'en Belgique les parents sont embêtants comme chez nous... par contrefaçon, sans doute.

MICHELETTE, *pleurant.*

Mais alors, je n'ai plus qu'à me périr, moi!... C'était bien la peine de me déclarer votre amour !...

NÉPOMUCÈNE.

Je te le déclare encore, mon amour!... (*Il l'embrasse.*) Je te le déclarerai toujours, mon amour!...(*Il l'embrasse encore.*)

NINI, *à part.*

Ça va !.... ça va !...

NÉPOMUCÈNE.

Et je te déclare, en outre, que je n'épouserai pas une Pétaudière !... Oh ! non !..

MICHELETTE.

Oh ! c'en est fait de nous... et à moins qu'une bonne fée ne vienne à notre secours... (*Ritournelle de l'air suivant.*)

NINI.

Ce n'est que ça !.. (*Elle casse une branche d'arbre et monte sur le banc en disant :*) La bonne fée demandée, la voilà!

MICHELETTE.

Ciel !

NÉPOMUCÈNE.

Ah ! mon Dieu! qu'est-ce que ça veut dire !.. vous seriez une fée...

NINI, *descendant du banc.*

AIR : *De la pluie de diamants.* (Polka de Denault.)

Plus de pleurs, plus de tristesse,
Vous m'appelez, et j'accours.
Des amants dans la détresse
Je protége les amours.

(*Elle vient entre eux en marchant gravement.*)

MICHELETTE ET NÉPOMUCÈNE *étonnés, reprennent avec* Nini.

Plus de pleurs, plus de tristesse
Venez à notre secours,
Nous sommes dans la détresse
Ah ! protégez nos amours.

(*La musique continue. Les deux amants s'inclinent devant Nini, qui tend son rameau au-dessus de leurs têtes, après avoir tourné autour de Michelette, en marchant d'un air inspiré.*)

MICHELETTE , *se relevant, ainsi que Népomucène.*
Bien vrai, Madame, vous êtes une vraie fée ?

NINI.
En chair et en mousseline... Je tombe du ciel en droite ligne, pour servir vos amours...

MICHELETTE.
Vous tombez du ciel ?..

NÉPOMUCÈNE.
Et vous savez déjà?..

NINI.
Je flanais dans les airs... j'ai entendu vos plaintes... je sais que vous voudriez vous... rapprocher, jeunes gens.

MICHELETTE.
C'est vrai...

NÉPOMUCÈNE.
Les fées n'ont donc pas été inventées seulement pour les enfants en bas âge ?

NINI, *à part.*
Est-il naïf! (*Haut.*) Ce sont des contes. Les fées existent, jeune homme, et la preuve, c'est que je veux consommer votre union, et assister au repas de vos noces... J'adore ces festins là... J'adore même tous les festins.

NÉPOMUCÈNE.
Ainsi, vous espérez décider papa?

NINI.
J'en ai un léger soupçon... S'il refuse, nous aurons recours à d'autres procédés, connus des fées seulement... Est-il riche, monsieur votre papa?

NÉPOMUCÈNE.
Que trop, malheureusement...

NINI.
Ah !.. vous n'êtes que plus intéressant à mes yeux.

MICHELETTE.
Conseillez-nous, madame la fée...

NÉPOMUCÈNÉ.

Oui, que faut-il faire?

NINI.

Mes amis, il faut... il faut, avant tout, nous mettre à table...
ça donne des idées. (*Elle va se mettre à table sous le berceau.*)

NÉPOMUCÈNE *.

Tiens! les fées mangent donc?

NINI.

Elles ont cela de commun avec les ogres... Prenez place à
mes côtés.

MICHELETTE.

Vous n'êtes pas fière, au moins, pour une fée... (*Elle va s'as-
soir à côté de Nini.*)

NINI.

Eh bien, jeune homme, qu'attendez-vous?

NÉPOMUCÈNE.

C'est que si papa arrivait....

NINI.

Si monsieur votre papa nous gêne trop, d'un coup de ma
baguette, je le change en melon... Débouchez cette fiole au
casque argenté... c'est le vin ordinaire des fées. (*Népomucène
va au berceau.*)

NÉPOMUCÈNE, *à part, tout en débouchant.*

C'est sans doute une fée champenoise. (*Le bouchon part. Il
s'assied près de Michelette.*)

SCÈNE XI.

LES MÊMES, TOINETTE, *entrant par la droite.*

TOINETTE, *au fond, chantant :* **

AIR : *Je reconnais ce militaire.*

Je reconnais le bruit du champ !
J'en ai bu sur le champ d'honneur...

(*Les apercevant dans le berceau.*) Tout juste! Je demande à
prendre place au banquet de la vie... (*Elle s'assied à gauche de
Népomucène.*) Vous permettez?

NÉPOMUCÈNE *et* MICHELETTE, *se levant.*

Encore une fée !

NÉPOMUCÈNE, *à part.*

Elle est joliment jolie aussi.

NINI.

Je vous présente ma meilleure amie, la fée Toinette.

NÉPOMUCÈNE *et* MICHELETTE, *saluant.*

Madame...

NINI.

C'est la fée qui préside au cancan. (*Népomucène et Michelette
se rasseyent.*)

* Nini, Michelette, Népomucène.
** Nini, Michelette, Népomucène, Toinette.

TOINETTE.

Avec ça que tu t'en prives.

NINI.

Moi, je me contente de le danser.

TOINETTE.

Oh ! il y a du pâté de foie gras ! Je ferais des bassesses pour du pâté de foie gras... et de l'homard aussi !.. Je commettrais des crimes pour de l'homard ! Jeune homme, passez-moi la patte.

NÉPOMUCÈNE, *lui donnant la main.*

Ah ! Madame...

TOINETTE, *lui frappant sur la main.*

Pas celle-là... celle de l'homard... la vôtre appartient sans doute à cette jeunesse, et je ne prétends pas la lui disputer.

MICHELETTE.

Comment, vous savez aussi...

TOINETTE.

J'ai l'expérience des choses du cœur... un verre de Champe, car j'étouffe.

NÉPOMUCÈNE, *versant.*

A votre service, Madame.

NINI.

Voyons, fée Toinette, ne vous bourrez pas, comme à votre ordinaire. Il s'agit de protéger ces deux amoureux, qui dessèchent sur pied, parce qu'on refuse de les unir.

TOINETTE.

Pauvres bichons !.. on refuse de les unir !.. Ah ! servez-moi du pâté, jeune fille ; versez-moi du Champe, jeune homme... l'oisiveté est la mère de tous les vices... remplissez bien le verre, et pas trop de mousse ; on est volé. (*On la sert.*)

NINI, *à Népomucène.*

Et vous, est-ce que vous n'osez pas boire ?..

NÉPOMUCÈNE.

C'est que j'ai peur que papa...

NINI, *lui remplissant son verre.*

Allons donc !.. le Champe vous donnera la force de résister au papa !.. c'est pour cela qu'il a été institué.

NÉPOMUCÈNE.

Vraiment... en ce cas... (*Il boit.*) j'ai encore peur... (*Il tend son verre.*)

TOINETTE, *lui versant à boire.*

Eh bien ! doublons la dose !

NINI.

Et chantez avec nous !

AIR : *Pastourelle du beau Nicolas (tirée du quadrille).*

Tout plein remplissez mon verre,
Grâce à ce vin merveilleux,
Les dieux descendent sur terre,
Les mortels montent aux cieux.

TOUS REPRENNENT.
Tout plein remplissez mon verre, etc.

NINI.
Espérez, chers amants,
Je vous unis sur terre,
Je bénis vos serments,
Ayez beaucoup d'enfants.

REPRISE ENSEMBLE.

NINI *et* TOINETTE.
Espérez, chers amants, etc.
NÉPOMUCÈNE *et* MICHELETTE.
Bénissez deux amants,
Unissez-nous sur terre,
Recevez nos serments
D'avoir beaucoup d'enfants.

TOUS.
Buvons (*ter.*) toujours,
A ^{vos}_{nos} amours !

(*La musique continue et s'enchaîne avec la reprise.*)

SCÈNE XII.

LES MÊMES, GRENOUILLARD, LE BARON, MADAME DE LA
PÉTAUDIÈRE *et* PRUDENCE.

(*Prudence est une grande fille bien roide, vétue de blanc, avec un
ruban bleu de ciel, en sautoir, sur une guimpe montante. — Ils en-
trent par le fond, à gauche. — Grenouillard est le premier.*)
GRENOUILLARD, *au fond, au baron* *.
Par ici, monsieur le baron, votre fils doit être dans quéque
coin à se désoler.
MADAME DE LA PÉTAUDIÈRE, *au fond.*
Comment, à se désoler... pour épouser ma nièce ?..
LE BARON.
Est-ce que vous écoutez cet imbécile ?.. Va te planter devant
la grande grille du parc, drôle, et dès que tu apercevras le no-
taire de Madame, viens nous prévenir.
GRENOUILLARD.
On y va, monsieur le baron. (*Il sort par le fond, à droite.*)

REPRISE DE L'ENSEMBLE, *sous le berceau.*

Buvons (*ter.*) toujours,
A ^{vos}_{nos} amours !

MADAME DE LA PÉTAUDIÈRE, *qui s'est arrêtée, ainsi que le baron
et Prudence.*
Que signifie ? (*Elle descend avec sa nièce.*)

* Nini, Michelette, Toinette, Mme de la Pétaudière, Prudence, le Baron,
Grenouillard.

LE BARON *.

Qu'est-ce que cela veut dire ?.. (*Il s'élance vers le berceau.*)

NÉPOMUCÈNE, *se levant.*

Ensemble ! { Papa !

MICHELETTE, *se levant.*

Monsieur le baron !

MADAME DE LA PÉTAUDIÈRE.

Qu'est-ce que c'est que ça ! Ma nièce, baissez les yeux.

PRUDENCE.

Oui, ma tante.

LE BARON.

Est-il possible !..

TOINETTE, *riant aux éclats, et se levant.*

Oh ! les bonnes têtes de cannes.

NINI, *d'un air aimable, se levant aussi.*

Bonjour, Monsieur... (*Michelette reste dans le berceau.*)

LE BARON, *tenant par la main son fils, qui est sorti du berceau par le fond, et cherche à s'esquiver* *.*

Népomucène, pouvez-vous m'expliquer... car, ma parole d'honneur !.. je tombe des nues...

TOINETTE.

Tiens ! comme nous !

LE BARON.

Comment se fait-il que ces dames... ces demoiselles... dans ce costume...

MADAME DE LA PÉTAUDIÈRE.

Vous appelez ça un costume ?

LE BARON, *à part.*

Costume fort séduisant, ma foi ! (*Haut.*) Comment se fait-il que ces dames se trouvent ici, à ma table, sous mes arbres, dans mon parc, et...

TOINETTE.

Et ingurgitant votre champagne.

LE BARON.

C'est ce que j'allais dire.

NÉPOMUCÈNE.

Papa, je vais vous expliquer...

NINI, *bas à Toinette.*

Le petit va patauger... saisis-moi bien... (*Elle s'approche du baron, en se donnant de grands airs.*) Monsieur le baron, c'est à mon amie et à moi qu'il appartient de vous donner la clette de tout ceci... (*Michelette est descendue, à gauche, Népomucène va la rejoindre.*)

* Nini, Michelette, Népomucène, Toinette, le Baron, Mme de la Pétandière, Prudence.

** Nini, Toinette, Michelette, Népomucène, le Baron, Mme de la Pétaudière, Prudence.

LE BARON *.

A vous, Mesdames? (*A part.*) Bigre ! elles sont fort bien, ces femmes-là.

NINI.

Avec un gentilhomme...

TOINETTE

Un gentleman...

NINI.

On est toujours sûre de s'entendre.

LE BARON, *à part.*

Elles m'ont lancé un regard chacune... un regard par tête!

NINI.

Au premier aspect, je conviens qu'on pourrait nous prendre pour...

MADAME DE LA PÉTAUDIÈRE.

Des pas grand choses...

NINI.

Madame m'a chipé le mot.

LE BARON, *s'excusant.*

Oh! je ne prétends pas dire...

MADAME DE LA PÉTAUDIÈRE.

Comment... baron !..

LE BARON, *se redressant.*

J'attends l'explication.

NINI.

Vous voyez en moi Nini Droliska, princesse de la Rédowa. (*Elle remonte.*)

LE BARON, *saluant.*

Une princesse russe !

NÉPOMUCÈNE, *bas à Michelette.*

Tiens, c'est une princesse, maintenant !

TOINETTE, *bas à Népomucène *.*

Chut ! (*Haut.*) Et vous voyez en moi, Milady Frim, duchesse de Schottisch. *How do you do, my dear?*

LE BARON.

Very well.

TOINETTE.

Oh ! I am very glad to see you...

LE BARON.

I think you.

MADAME DE LA PÉTAUDIÈRE, *avec aigreur.*

Qu'est-ce qu'elle vous dit dans son baragouin?..

LE BARON.

Rien... rien... (*A part.*) Elle est adorable !

* Michelette, Népomucène, Toinette, Nini, le Baron, Mme de la Pétaudière, Prudence.

** Michelette, Népomucène, Toinette, le Baron, Nini, Mme de la Pétaupière, Prudence.

NINI , *redescendant.*

Vous êtes surpris de nous voir chez vous, sous un costume aussi... diaphane.

MADAME DE LA PÉTAUDIÈRE.

Et il y a de quoi!

NINI.

Rien de plus simple, cependant. Vous n'êtes pas, monsieur le baron, sans lire nos feuilles publiques de Paris.

LE BARON.

Sans doute, les journaux de Paris servent à faire ceux de Belgique.

NINI.

En ce cas, vous avez dû voir que, depuis quelque temps, des dames du grand monde ont la rage de se faire enlever...

LE BARON , *riant d'un air bête.*

Enlever... oui... en effet...

NINI.

Non... sans effets... et en ballon!

LE BARON.

Ah! bien!..

TOINETTE.

Yes! c'étaie *i*oune... comment dites-vous?.. *i*oune toccade.

NINI.

Or, hier, mon amie et moi, nous étions à l'Hippôdrôle... le ballon du sieur Godard se livrait à des oscillations agaçantes... lorsque tout à coup, et simultanément... il nous pousse une envie...

TOINETTE.

Oh! yes... une grosse envie... {d'enlèvement... nous allons trouver la petite Godard... j'offre des guinées...

NINI.

Moi, j'offre des roubles... deux poignées de roubles...

TOINETTE.

Il re*fi*ousait.

NINI.

Il re*fi*ouse, ainsi que vous l'exprime mon amie... l'ascension devait avoir lieu ce jour-là, avec les Filles de l'air... c'était sur l'affiche... on ne prenait pas de voyageurs pour cette représentation...

TOINETTE.

C'*étaite* désolante! et pourtant l'envie de nous faire enlever par le ballon... il nous demangeait touj*i*ours.

NINI.

Voulant partir à tout prix... nous proposons de prendre le costume des sylphides de l'endroit. De cette façon, nous avions le double avantage de satisfaire notre caprice, et de partir dans le plus grand incognito... car ce costume nous déguisait à tous les yeux.

MADAME DE LA PÉTAUDIÈRE, *à part.*

Comment se mettent-elles donc, quand elles veulent se faire voir !

LE BARON.

Ah !.. c'était fort adroit !

NINI.

On accepte... on nous enlève, aux applaudissements de la foule... et bientôt un vent délicieux nous pousse vers la Belgique.

LE BARON.

Comment, vous êtes arrivées ici en ballon?..

TOINETTE.

Yes... En passant de toute là-haut... nous admirions biaucoup fort... la biauté de *cette*... comment dites-vous ça en français... parc ?..

LE BARON.

Parc... comme vous...

TOINETTE.

Yes, parc... Nous havons commandé à la petite Godard de descendre nous ici, yes !

NINI.

Nous mourions de faim et de soif... monsieur votre fils, qui a dans les veines un pur sang de gentilhomme, a bien voulu nous faire les honneurs de votre castel.

LE BARON, *se redressant.*

Fêlé... c'est son nom.

NINI.

En attendant qu'on ait réparé le ballon qui est là-bas sur la pelouse... et que nous puissions regrimper dedans. (*Elle remonte ainsi que Toinette.*)

LE BARON, *à madame de la Pétaudière.* *

Tout s'explique... Cette visite est des plus extraordinaires... (*Allant à son fils.*) Comment, Népomucène, tu ne me disais pas cela tout de suite !... Et le ballon de ces dames qui est dans mon parc !.. c'est fort curieux ça !.. (*A Nini.*) Et vous osez grimper si haut que ça !... (*Nini et Toinette redescendent.*)

NINI, *minaudant.* **

Baron, cela vous étonne, n'est-ce pas... Que voulez-vous, le chapitre des caprices est inexplicable.

LE BARON, *à part.*

Oh ! le bel œil noir !

TOINETTE, *au baron.*

Je aimai faire de petites fiolies... de temps en temps.

---

* Michelette, Népomucène, Toinette et Nini. (Au 2e plan.) Le Baron, Mme de la Pétaudière, Prudence.

** Michelette, Népomucène, Nini, le Baron, Toinette, Mme de la Pétaudière, Prudence.

LE BARON, *à part.*

Oh ! le charmant œil bleu ! (*Toinette remonte et redescend près de Nini.*)

MADAME DE LA PÉTAUDIÈRE, *au baron.*

Baron, vous oubliez...

LE BARON, *allant à elle.* *

Permettez... je ne peux pas... sans passer pour un croquant... (*Il continue à parler avec elle.*)

NÉPOMUCÈNE, *à Nini, bas.*

Madame la Fée, ou madame la princesse... pensez à nous maintenant.

NINI, *bas à Népomucène.*

Noblesse oblige, je le sais... n'ayez pas le trac, jeune homme, je vous protége.

MICHELETTE.

Le ciel vous le rendra un jour.

NINI.

Style d'aveugle à qui on donne un sou... Merci, petite... (*Toinette remonte et passe près de Népomucène.*)

LE BARON. **

Ainsi, belles dames... vous acceptez l'hospitalité que mon fils Félé vous a offerte en mon nom.

NINI, *minaudant.*

A une condition, baron...

LE BARON, *à part.*

Oh ! encore un coup d'œil noir !

TOINETTE, *de même que Nini.*

Yes, une petite *condichonne.*

LE BARON, *à part.*

Et un coup d'œil bleu !

NINI.

Ces deux jeunes gens, pendant notre collation... nous ont fait une légère confidence.

TOINETTE.

Yes... ils se aimaient... très fort... les deux petits tourtereaux !

NÉPOMUCÈNE.

Oh ! oui, papa !...

LE BARON.

Comment !...

MADAME DE LA PÉTAUDIÈRE.

Qu'entends-je ?... ma nièce, bouchez-vous les oreilles.

PRUDENCE.

Oui, ma tante.

** Michelette, Népomucène, Nini, Toinette, le Baron, Mme de la Pétaudière, Prudence.

* Michelette, Népomucène, Toinette, Nini, le Baron, Mme de la Pétaudière, Prudence.

NINI.

Or, quand on s'aime, vous savez... Dénouement du cinquième acte : mariage ! et forté à l'orchestre.

LE BARON.

Oui, je sais... Mais, pardon, belles dames... mon fils est un Castel-Fêlé qui ne devait pas descendre à courtiser une paysanne sans nom.

MICHELETTE.

Sans nom !.. je m'appelle Michelette.

MADAME DE LA PÉTAUDIÈRE.

Taisez-vous, effrontée !

LE BARON.

Une telle union, serait stupide... ridicule.

MADAME DE LA PÉTAUDIÈRE.

Une orpheline sans le sou !

NINI.

Ah ! si ce n'est que la fortune... je vous l'ai dit... je suis princesse de Redowa !.. et je serais heureuse d'offrir à ces jeunes gens ma terre de Blaguinskof, avec douze ou quinze cents paysans. (*Elle remonte et redescend près de madame de la Pétaudière.*)

TOINETTE. *

Et moi, je avais reçu de lord Frim, pour une million de livres sterlings en diamants... et je en aurais donné quelques douzaines à cette pétite.

MICHELETTE, *passant près de Toinette.***

Madame, que de générosité...

NÉPOMUCÈNE.

Oh ! quel bonheur !

LE BARON.

Certainement que si...

NINI, *avec emphase et coquetterie.*

Ah ! vous faiblissez, baron, et vous avez raison. A quoi sert un beau nom sans amour ?

TOINETTE.

Oh ! yes... Le fortioune... il faisait le bonheur de l'estomac ; mais la femme qu'on aime, il faisait la béatitioude du cœur.

LE BARON, *à part.*

Ces femmes me dominent... Et puis ce costume vaporeux...

MADAME DE LA PÉTAUDIÈRE.

Baron ! c'en est trop !..

NINI.

Madame... par grâce ne vous fâchez pas... Nous marierons aussi votre nièce... Eh, mon Dieu... un mariage !.. c'est si facile à faire,... pour nous... Tenez, j'ai un frère qui a une for-

---

* Michelette, Népomucène, Toinette, le Baron, Nini, Mme de la Pétaudière, Prudence.

** Népomucène, Michelette, Toinette, le Baron, Nini, Mme de la Pétaudière, Prudence.

tune colossale... le feld-maréchal comte de Kauchemardeski...

LE BARON.

Un Kauchemardeski !..

NINI.

Qui se trouverait certainement très-honoré...

MADAME DE LA PÉTAUDIÈRE.

Un feld-maréchal !..

PRUDENCE, *avec joie.*

Oh ! ma tante !..

MADAME DE LA PÉTAUDIÈRE.

Taisez-vous !

PRUDENCE.

Oui, ma tante...

TOINETTE, *à part.*

Je ne connaissais que son frère le cartonnier.

MADAME DE LA PÉTAUDIÈRE.

Mais qui me dit que Madame ne s'avance pas trop...

NINI.

Madame peut prendre des renseignements chez mon oncle, le boyard Tradérideroff...

LE BARON.

Tradérideroff !

NINI.

Au fin fond de la Laponie !...

TOINETTE, *à part.*

La première porte à gauche, chez le concierge.

MADAME DE LA PÉTAUDIÈRE.

Comment, vous voulez que j'aille en Laponie....

NINI.

Dans son domaine, tous les gamins jouent avec des billes en malaquite... Il vient d'arriver à Paris... Baron... j'aurai l'honneur de vous le présenter. (*Elle remonte et redescend près de Toinette.*)

LE BARON. [*]

Madame... (*A madame de la Pétaudière.*) Ce sont de très-grandes dames, savez-vous.

MADAME DE LA PÉTAUDIÈRE, *au baron.*

En effet, je commence à le croire.

LE BARON.

Mais on ne peut s'y méprendre... elles ont une certaine manière de dire les choses... et puis... elles sont moulées.

HERCULE, *au dehors.*

Ohé... du ballon ?.. Nini ! Toinette !

LE BARON.

Qui vient nous déranger ?..

NINI, *à Toinette, bas.*

Aïe ! c'est Hercule.

---

[*] Népomucène, Michelette, Toinette, Nini, le Baron, Mme de la Pétaudière, Prudence.

TOINETTE, *bas.*

Gare là dessous !

SCÈNE XIII.

LES PRÉCÉDENTS, HERCULE.

HERCULE, *entrant par le fond à droite.**

Ah ! enfin je vous retrouve... Je m'étais perdu dans le parc...

LE BARON.

Que demande Monsieur ?

HERCULE.

Pas vous, bonhomme. (*Nini et Toinette se tuent à lui faire des signes.*)

LE BARON.

Bonhomme !

NINI.

Ne faites pas attention, baron, c'est mon chasseur... Que veux-tu, Domingo... ce pauvre Domingo, il était inquiet sans doute... (*Elles continuent leurs signes.*)

LE BARON.

Que voulez-vous, Domingo ?

HERCULE.

Domingo vous-même... dites donc !

TOINETTE, *à part.*

En voilà un qui arrive comme la quittance du loyer. (*Elle lui fait des signes.*)

HERCULE.

Ah ! çà, est-ce que nous voulons faire poser papa, mes minettes ?

LE BARON.

Ses minettes ?

NINI.

Ah ! le malheureux... il a bu !...

TOINETTE.

Oh ! yes, il a boissonné !

HERCULE.

J'ai boissonné... moi !

LE BARON.

Eh bien ! Domingo, est-ce ainsi qu'on répond à une princesse et à une milady ?...

HERCULE, *le faisant reculer en marchant sur lui.*

Est-ce que vous n'avez pas bientôt fini de me prendre pour un nègre... vous !... Vous ne savez donc pas que je réponds de ces demoiselles... moi !

MADAME DE LA PÉTAUDIÈRE.

Demoiselles !

LE BARON.

Demoiselles !

---

* Népomucène, Michelette, Toinette, Nini, le Baron , Mme de la Pétaudière, Prudence.

NÉPOMUCÈNE.

Demoiselles... la princesse de la Redowa !...

LE BARON.

Milady Scottisch !...

HERCULE.

Ah ! ça, vous êtes donc tous toqués ici ?

TOINETTE.

Va te faire lanlaire ! la mèche est éventée !...

MADAME DE LA PÉTAUDIÈRE.

La mèche ?

NÉPOMUCÈNE.

Une mèche !

LE BARON.

Ah ! ça mais, quelle mèche ?

HERCULE.

Il n'y a ici ni princesse ni milady... mais tout simplement des écuyères de l'Hippodrome de Paris, mon vieux... Allons, princesse et milady... vous n'avez plus qu'un quart d'heure... dépêchons-nous ou gare l'amende... (*En riant.*) Ah ! ah ! ah ! en v'là de la contrebande ! (*Il sort par le fond à droite.*)

SCÈNE XIV.

LES MÊMES, *excepté Hercule, puis* GRENOUILLARD.

MADAME DE LA PÉTAUDIÈRE.[*]

Des écuyères ! ma nièce, rebaissez les yeux et rebouchez-vous les oreilles.

PRUDENCE.

Oui, ma tante.

LE BARON, MICHELETTE *et* NÉPOMUCÈNE, *ensemble.*

Des écuyères !

NINI.

Eh bien ! oui na ! ça n'est pas défendu après tout... c'est vrai, nous ne sommes que de simples écuyères, mais d'assez jolies femmes, comme vous voyez... monsieur le baron...

LE BARON.

Certainement, je dois convenir que de ce côté...

MADAME DE LA PÉTAUDIÈRE.

Oh ! c'est trop fort !.. Eh quoi ! baron, vous ne flanquez pas ces créatures à la porte...

NINI *et* TOINETTE, *avec dignité.*

Madame !

MADAME DE LA PÉTAUDIÈRE, *au baron.*

Vous ne voyez pas qu'on se moque de vous, de moi, de tout le monde !

LE BARON.

Mais au fait... Mesdemoiselles...

---

[*] Népomucène, Michelette, Toinette, Nini, Hercule , le Baron , Mme de la Pétaudière, Prudence.

MADAME DE LA PÉTAUDIÈRE.

Si elles ne sortent pas à l'instant, moi, je leur cède la place... (*Toinette et Nini remontent en faisant la révérence à madame de la Pétaudière.*)

LE BARON, *retenant madame de la Pétaudière.*

Non, Madame, vous resterez... vous allez voir.. (*Allant à Michelette.*) * Michelette... tu vas faire ton paquet... presto... je ne t'en dis pas davantage. (*Il revient près de madame de la Pétaudière.*)

MADAME DE LA PÉTAUDIÈRE.**

Bien dit.

NÉPOMUCÈNE, *pleurant.*

Vous la chassez !...

MICHELETTE, *pleurant.*

Oh ! j'en mourrai !

NÉPOMUCÈNE.

Et moi aussi, d'abord... Michelette !

MICHELETTE.

Népomucène !

TOINETTE.

C'est déchirant !

NINI.

Nous sommes en plein mélodrame ! (*Montrant le Baron.*) La scène du monstre.

LE BARON, *allant séparer Michelette de son fils.****

Allons ! finissons !... chevalier, je vous ordonne d'offrir votre bras à votre future... (*Le prenant par le bras.*) Allons !... (*Il le fait passer à sa gauche. — Michelette s'est retirée près du berceau.*)

NÉPOMUCÈNE, *se montant.*****

Et moi... monsieur le baron... je vous...

NINI, *bas à Népomucène, près duquel elle descend.*

Filez doux... obéissez et tâchez de revenir ici...

GRENOUILLARD, *accourant du fond, à droite.*****

M'sieu le baron ! m'sieu le baron !

LE BARON.

Qu'est-ce ?

GRENOUILLARD.

C'est le notaire de Madame qui vient d'arriver... (*Il descend à droite.*)

---

* Népomucène, Michelette , le Baron , Nini et Toinette . (Au 2e plan.) Mme de la Pétaudière, Prudence.

** Népomucène, Michelette, Nini et Toinette. (Au 2e plan.) Le Baron , Mme de la Pétaudière, Prudence,

*** Népomucène, le Baron, Michelette , Nini et Toinette. (Au 2e plan.) Mme de la Pétaudière, Prudence.

**** Le Baron, Népomucène, Michelette, Nini et Toinette. (Au 2e plan.) Mme de la Pétaudière, Prudence.

***** Le Baron, Michelette. (Au 2e plan.) Népomucène, Nini et Toinette. (Au 2e plan.) Grenouillard, Mme de la Pétaudière, Prudence.

MADAME DE LA PÉTAUDIÈRE, *allant à Népomucène.**

Ne le faisons pas attendre... Chevalier, je veux bien tout oublier .. prenez Mirza sur votre bras droit... et offrez votre bras gauche à ma nièce... (*Elle passe près du baron.*)

NÉPOMUCÈNE, *à part, tenant le chien sous son bras droit et Prudence au bras gauche.***

Me voilà livré aux bêtes !...

LE BARON.

Marchons... et vous, Mesdemoiselles... votre ballon doit être prêt...

MADAME DE LA PÉTAUDIÈRE.

Vous comprenez ce que cela veut dire...

NINI *et* TOINETTE, *redescendant, ensemble et saluant.****

Oui Mâdâme !

LE BARON, *à part les regardant.*

Ah! c'est dommage !

MADAME DE LA PÉTAUDIÈRE.

AIR : *Gentille fiancée.*

Adieu donc, et bon voyage.

NINI.

Nous vous cédons le pas...
Remontons en nuage...
Ne nous r'conduisez pas.
Retournons dans le vague ;
Le ciel nous tend les bras.

TOINETTE, *bas à Népomucène.*

C'est une simple blague...
Attendez-nous en bas.

ENSEMBLE.

NINI *et* TOINETTE, *riant.*	NINI *et* TOINETTE, *aux jeunes gens.*
Ah ! la bonne folie !	Ne vous désolez pas (*bis*).
MADAME DE LA PÉTAUDIÈRE, LE BARON, *à part.*	NÉPOMUCÈNE ET MICHELETTE. Ne nous oubliez pas (*bis*).
Assez de comédie !	MADAME DE LA PÉTAUDIÈRE.
Ah ! quelle espièglerie !	Ah ! le bon débarras !
NINI *et* TOINETTE	LE BARON, *à part.*
Bonsoir, la compagnie,	Pour moi, quel embarras.
Ne vous dérangez pas.	

(*Le baron, madame de la Pétaudière, Népomucène et Prudence sortent par le fond, à gauche. — Nini et Toinette les reconduisent jusqu'au fond avec force révérences, en faisant à Népomucène le signe de revenir.*)

* Le Baron, Michelette. (Au 2e plan.) Népomucène, Mme de la Pétaudière, Nini et Toinette. (Au 2e plan.) Prudence, Grenouillard.

** Le Baron, Mme de la Pétaudière, Michelette. (Au 2e plan.) Nini et Toinette. (Au 2e plan aussi.) Népomucène, Prudence, Grenouillard.

*** Le Baron, Mme de la Pétaudière, Michelette. (Au 2e plan.) Nini, Toinette, Népomucène, Prudence, Grenouillard.

SCÈNE XV.

MICHELETTE, GRENOUILLARD, NINI *et* TOINETTE, *se consul-*
tent au fond.

GRENOUILLARD, *allant à Michelette.* *

Qu'est-ce que c'est donc que ces dames-là.... Michelette?

MICHELETTE.

Laissez-moi.... c'est vous qu'êtes cause de tout ce qui m'arrive... je n'ai plus qu'à aller me jeter dans l'étang aux gre-
nouilles et j'y vais... (*Elle remonte.*)

NINI, *l'arrêtant.* **

Par exemple!

TOINETTE.

Se noyer pour un homme! il faut venir en Belgique pour
voir de ces choses-là... ma parole d'honneur!

MICHELETTE, *à Nini et à Toinette.*

Vous aussi vous nous avez trompés, en nous faisant accroire
que vous étiez des fées protectrices.....

TOINETTE.

Quand il n'y a plus de fées, il y en a encore.

NINI.

Et nous vous protégeons plus que jamais! (*Passant près de*
Grenouillard. ***) Ecoute, gros joufflu... peut-on compter sur
toi?

GRENOUILLARD.

Si c'est pour faire enrager le vieux et la vieille, oui, j'en
suis.

NINI.

Conduis donc cette petite de ce côté... (*Elle montre la droite.*)
Sur la grande pelouse, où est le ballon.... le reste nous regarde... (*Elle le fait passer près de Michelette.*)

GRENOUILLARD. ****

Comment! vous seriez ce ballon dont on ne fait que parler
dans les alentours?..

TOINETTE.

Nous sommes ce ballon.

MICHELETTE.

A quoi tout ça va-t-il servir?...

NINI.

Ah! pas d'observation.... allez!

MICHELETTE.

Eh bien! je me fie à vous... allons, Grenouillard! (*Elle sort*
avec Grenouillard par le fond, à droite.)

---

* Michelette, Grenouillard, Nini, Toinette.
** Grenouillard, Michelette, Nini, Toinette.
*** Grenouillard, Nini, Michelette, Toinette.
**** Nini, Grenouillard, Michelette, Toinette.

TOINETTE, *regardant au fond, à gauche* *
J'aperçois le jeune homme... il court comme un dératé... le voici...

SCÈNE XVI.

NINI, NÉPOMUCÈNE, TOINETTE.

NÉPOMUCÈNE, *accourant par le fond, à gauche. Il tient le chien la queue en l'air et la tête en bas sous son bras.* **

Plutôt la mort que l'esclavage.
NINI *chantant.*
C'est la devise d'un Français...

NÉPOMUCÈNE.

C'est ma devise!... Je leur ai brûlé la politesse à la patte d'oie... et je vous retrouve! Et Michelette?
NINI.

Vous allez la revoir.

TOINETTE.

Mais ne flânons pas...

NÉPOMUCÈNE.

Je crois bien... papa est sur mes talons. (*Au chien.*) Nom d'un chien! que cette chienne est assommante. Je la garde comme ôtage... mais elle est assommante!

NINI, *riant.*

C'est que vous lui mettez la tête où elle a le droit d'avoir la queue...

NÉPOMUCÈNE.

Bah! c'est assez bon pour elle... Qu'est-ce qu'il faut faire?.. j'ai la tête perdue!.. je suis comme Roland furieux... voulez-vous que je déracine des arbres? je suis capable de tout!

TOINETTE, *qui vient d'écrire quelques mots sur un petit calepin, qu'elle a tiré de sa ceinture.*

Modérez-vous, jeune homme, modérez-vous... vous allez partir de ce côté... vous y retrouverez Michelette, vos amours... vous y verrez aussi notre camarade Hercule... (*Déchirant la feuille sur laquelle elle a écrit et la lui donnant.*) Remettez-lui ceci... et faites tout ce qu'il vous dira de faire.

NÉPOMUCÈNE.

Je m'abandonne à monsieur Hercule... ce doit être un homme très-fort, il déracinera des arbres avec moi. (*On entend dans le lointain le baron qui crie :* Népomucène! Népomucène.)

TOINETTE.

Oh! la voix fêlée de l'auteur de vos jours!...

NÉPOMUCÈNE.

Filons!... (*Il remonte à droite.*)

* Nini, Toinette.
** Nini, Népomucène, Toinette.

NINI.[*]

Nous nous chargeons de retenir votre père.

TOINETTE.

Je vous ferai un rempart de mon corps...

NÉPOMUCÈNE, *qui tortille le chien comme un paquet.*

Je cours rejoindre monsieur Hercule... (*On entend appeler de nouveau : Népomucène !... Chevalier !... — Népomucène sort par le fond à droite.*)

TOINETTE.[**]

Voilà l'ennemi !...

NINI.

L'ennemi !... mettons-nous sous] les armes. (*Toinette va prendre une pose sur le banc de gazon, Nini se balance sur l'escarpolette.*)

TOINETTE.

En joue... feu !

SCÈNE XVII.

NINI, LE BARON, TOINETTE. (*Le baron entre par le fond à gauche.*)

LE BARON, *appelant.*

Chevalier de Castel-Fêlé ! c'est une abomination !... On ne fait pas courir un baron aussi fort que ça !... (*Il se trouve devant Nini qui, en se balançant, lui envoie un coup de pied. — Il se retourne.*) Ciel !... mon œil noir qui se balance !... (*Il recule et aperçoit Toinette sur le banc de gazon.*) Et mon œil bleu qui se repose... elles n'étaient pas encore parties !... Mesdemoiselles... je ne pensais pas... je n'espérais pas... certainement, je vous croyais... dans l'espace... bien au-dessus de ma tête... (*Changeant de ton.*) Vous n'avez pas vu mon jeune homme par ici ?

TOINETTE, *d'un ton romanesque et allant à lui.*

Non ! je n'ai vu qu'un homme dans la force de l'âge, un aimable baron, chez lequel nous aurions passé quelques jours délicieux, sans une vieille caricature qui ne mérite pas de devenir la compagne d'un gentilhomme aussi accompli.

NINI.

Quelle balançoire !

LE BARON, *se retournant.*[***]

Vous dites ?...

NINI.

Je trouve la balançoire excellente. (*Elle en descend nonchalamment.*) Que je suis aise de le revoir, ce cher baron !...

LE BARON.

Mesdemoiselles, de mon côté... Mais, par malheur, il faut que je courre après mon fils !...

[*] Nini, Toinette, Népomucène.
[**] Nini, Toinette.
[***] Nini, le Baron, Toinette.

NINI.

Votre fils!... toujours votre fils!...

TOINETTE, *avec coquetterie.*

Ne devinez-vous pas pourquoi nous ne sommes pas parties?...

LE BARON.

Non... je ne devine pas... (*A part.*) Sapristi! si c'était pour moi!...

TOINETTE.

Et, de votre côté... avouez qu'en courant après votre fils...

NINI, *avec coquetterie.*

Vous aviez une arrière-pensée...

LE BARON, *à part.*

C'est que c'est vrai!

TOINETTE.

Vous vous disiez : Je les reverrai peut-être encore une fois...

LE BARON, *avec abandon.*

Ah! que vous connaissez bien le cœur humain.

NINI.

C'est le fruit de l'étude!

LE BARON.

Ah! syrènes!... si je n'étais pas si pressé... mais il faut absolument...

TOINETTE, *le retenant.*

Oh! non, non, vous ne sortirez pas...

NINI.

Je m'attache à vous comme le *lièvre* s'attache à l'ormeau...

LE BARON.

En vérité... vous me feriez croire que je n'ai que vingt-cinq ans!...

NINI.

Le cœur n'a pas d'acte de naissance.

LE BARON.

Flatteuses!

TOINETTE.

La jeunesse, c'est la gaîté!

NINI.

La jeunesse, c'est l'amour!

LE BARON.

Oui, vous avez raison, palsambleu!... je suis jeune encore, puisque je suis gai... je suis jeune, puisque je vous aime!...

AIR : *Pitié, madame.*

Quel feu m'agite !
Objets charmants,
Mon cœur palpite,
Comme à vingt ans !
Mon cœur palpite !
Comme il bat vite !
Près de vous je n'ai que **vingt ans** !

NINI, *prenant une pose. Musique. — Air de Redowa.*
Il est charmant !...

TOINETTE, *de même.*

Délirant !...

LE BARON.

Milady !...

TOINETTE.

Scottiseh! I love you...

LE BARON, *à Nini.*

Princesse !...

NINI.

De la Redowa!... je m'exécute!... (*Elle se met à danser avec
Toinette. — Le baron les imite ridiculement.*)

LE BARON, *à la fin de la danse.*

Ah ! je n'y résiste plus!... (*Tombant aux genoux de Nini.*) Œil
noir, tu m'as vaincu!... (*Se retournant vers Toinette.*) Et toi
aussi, œil bleu !...

MADAME DE LA PÉTAUDIÈRE, *en dehors.*

Mirza ! Mirza !...

NINI, *à Toinette, par-dessus la tête du baron.*

La vieille qui vient!...

LE BARON, *toujours à genoux.*

Laissez-moi cueillir quelques baisers sur ces jolies mains...
(*Il veut leur baiser les mains.*)

TOINETTE.

Baron, vous abusez de deux faibles femmes !...

NINI.

Pàris, vous mordez dans la pomme !...

NINI *et* TOINETTE, *ensemble.*

As-tu fini?... (*Elles retirent vivement leurs mains, le baron tombe
sur le nez, elles se sauvent en riant par le fond à droite.*)

SCÈNE XVIII.

LE BARON, MADAME DE LA PÉTAUDIÈRE, *puis* NINI *et*
TOINETTE.

LE BARON, *à terre.*

Aïe ! le nez !

MADAME DE LA PÉTAUDIÈRE, *arrivant par le berceau et voyant
le baron.*[*]

Que faites-vous donc là, baron ?

LE BARON.

Je cours après mon fils...

MADAME DE LA PÉTAUDIÈRE.

Il paraît que vous courez ventre à terre! (*Le Baron se relève
péniblement.*) Et ma chienne ! ma chère Mirza, que ce fou... que
cet écervelé a emportée dans sa course...

LE BARON.

Madame, ce fou... cet écervelé...... c'est le chevalier de Castel-Fêlé... c'est mon fils...

[*] Mme de la Pétaudière, le Baron.

MADAME DE LA PÉTAUDIÈRE.

Je m'inquiète bien de votre fils, moi... c'est Mirza qui m'inquiète...

LE BARON.

Madame!... (*On entend crier au dehors :* Lâchez tout !)

MADAME DE LA PÉTAUDIÈRE.

Hein? qu'est-ce qu'on va donc lâcher? (*Musique à l'orchestre jusqu'à la scène suivante.*)

NINI, *reparaissant avec Toinette, par la droite.*[*]

Levez les yeux et regardez...

MADAME DE LA PÉTAUDIÈRE.

Encore ces drôlesses !

LE BARON, *regardant en l'air.*

Le ballon !... le ballon !...

NINI.

C'est la diligence qui emmène votre fils et Michelette.

LE BARON.

Il se pourrait!

TOINETTE.

Il se peut... nous leur avons cédé nos places.

MADAME DE LA PÉTAUDIÈRE.

Grands dieux ! et Mirza !

NINI.

Mirza? elle fait partie de l'ascension.

MADAME DE LA PÉTAUDIÈRE.

O ciel !

TOINETTE.

Justement... c'est de ce côté qu'elle se dirige... la queue en trompette!...

MADAME DE LA PÉTAUDIÈRE.

Mirza!... Mirza !...

LE BARON, *criant.*

Mon fils!... mon héritier !...

MADAME DE LA PÉTAUDIÈRE, *de même.*

Ma chère Mirza !

TOINETTE, *qui a remonté et regarde en l'air.*[**]

Attendez, Madame... vous allez en avoir des nouvelles.

LE BARON, *regardant en l'air.*

Un parachute!... (*Toinette redescend à droite.*)

NINI.[***]

La chienne demandée, la voici! (*On voit la chienne descendre attachée sous un petit parachute. — Une lettre est attachée à son cou.*)

MADAME DE LA PÉTAUDIÈRE.

Mirza!... Oh! les monstres!... mais c'est une horreur !... mais c'est une abomination.

---

* Mme de la Pétaudière, le Baron, Nini, Toinette.
** Mme de la Pétaudière, le Baron, Toinette, Nini.
*** Mme de la Pétaudière, le Baron, Nini, Toinette.

LE BARON, *décrochant la chienne.*

Je la tiens... Que vois-je encore... une lettre à mon adresse !
(*Il prend la lettre, et rend la chienne à madame de la Pétaudière.*)

MADAME DE LA PÉTAUDIÈRE.

Elle est évanouie !... (*Elle l'embrasse et la serre dans ses bras
pour la réchauffer.*)

LE BARON, *lisant.*

« Papa ! » C'est de mon fils... « Michelette ou la mort... voilà
mon ultimatum. » Oh ! mon Dieu ! (*Reprenant sa lecture.*) « Je
braque sur vous une longue-vue... et, d'ici à cinq minutes, si
vous n'avez pas agité votre mouchoir, en signe de consentement à notre union, je suivrai le chemin de la lettre... sans
parachute...

» NÉPOMUCÈNE.

» A bord de l'Aigle, à 3 heures du soir. »

NINI.

Eh bien... qu'en dites-vous ?

LE BARON.

Le malheureux... c'est qu'il en est capable ! les Castel-Fêlé...
ont tous une tête....

TOINETTE.

Fêlée... ce doit être.

MADAME DE LA PÉTAUDIÈRE.

Comment ! vous pourriez consentir !...

LE BARON.

A recevoir mon fils sur les épaules... jamais !... et puis, dé-
cidément, vous aimez trop les bêtes !..

MADAME DE LA PÉTAUDIÈRE, *furieuse.*

Monsieur le baron....

LE BARON.

Madame de la Pétaudière !

MADAME DE LA PÉTAUDIÈRE.

Vous n'êtes qu'un paltoquet !... sortons, Mirza... sortons !
(*Elle s'éloigne par le berceau.*)

NINI, *passant à gauche, et regardant en l'air.* *

J'aperçois un corps d'homme qui se penche en dehors de la
nacelle...

LE BARON.

Ciel ! (*Il court vers le fond, grimpe sur le petit tertre et agite son
mouchoir en regardant en l'air.*) Epouse-la Népomucène... pas
de bêtise !.. épouse-la, mais conserve-toi... pour que le beau
nom des Castel-Fêlé ne s'éteigne pas !

* Nini, le Baron, Toinette.

SCÈNE XIX.

les mêmes, NÉPOMUCÈNE, MICHELETTE, GRENOUILLARD.
(Sur un signe de Toinette, ils entrent en scène, Népomucène et Michelette se mettent à genoux de chaque côté du Baron qui regarde toujours en l'air. — Ils arrivent par la droite.)

NÉPOMUCÈNE. *

Papa... bénissez vos enfants. (*Fin de la musique.*)

LE BARON, *regardant toujours en l'air.*

Je l'entends... mais je ne le vois pas !.. où est-il donc ?

NÉPOMUCÈNE, *lui frappant sur la jambe.*

A vos pieds !

LE BARON, *avec joie, se baissant sans descendre du tertre.*

C'est pourtant vrai... mais je ne vous ai pas vu descendre.

NINI.

Je le crois bien... ils n'étaient pas montés...

TOINETTE.

On n'a enlevé que Mirza....

LE BARON.

C'était un complot. (*Il descend.*)

MICHELETTE *et* NÉPOMUCÈNE.

C'était un complot ! (*Ils se relèvent.*)

NINI *et* TOINETTE.

C'était un complot ! (*Ils descendent sur le devant.*)

NINI. **

C'est l'ouvrage des Filles de l'air...

LE BARON.

Ah ! petites folles... vous me paierez cela....

NINI, *minaudant.*

Pourvu que ça ne soit pas trop cher.

LE BARON, *à part.*

Encore le coup d'œil noir !.. (*Haut.*) Chevalier, je ne m'en dédis pas... tu épouseras Michelette...

MICHELETTE.

Quel bonheur !

NÉPOMUCÈNE, *à Nini.*

Oh ! merci, madame Tradéridéroff !

GRENOUILLARD.

Eh ben.... m'sieu le baron... sans moi pourtant tout ça ne serait pas arrivé...

LE BARON.

Ah ! c'est à toi que je dois tout ça ?

GRENOUILLARD.

Quoique vous me donnerez pour ma peine ?

LE BARON.

Je te donne vingt-quatre heures pour chercher une condition.

* Nini, Michelette, le Baron, Népomucène, Toinette, Grenouillard.
** Michelette, Népomucène, Nini, le Baron, Toinette, Grenouillard.

GRENOUILLARD.

Pas possible !

TOINETTE, *à Grenouillard.*

Rassure-toi... Nini et moi, nous plaiderons ta cause... et nous la gagnerons.

LE BARON.

Permettez...

TOINETTE.

On vous permet d'être toujours bien gentil, bien aimable, bien indulgent.... c'est le moyen d'être *biautifull my dear* !

LE BARON, *à part.*

Le coup d'œil bleu !... (*Haut.*) Je vois que je n'ai rien à refuser aujourd'hui. (*A Toinette et à Nini.*) Après tout, que vouliez-vous qu'il fît contre deux....

TOINETTE.

Qu'il cédât.

LE BARON, *gracieusement.*

Qu'il aimât.

NINI.

Sur l'air du tradéridéra !

CHŒUR FINAL.

AIR : *La clef, la clef.*

Par un contrat, un hyménée,
Car tout roman mène à cela,
Terminons donc cette journée...
Il faut toujours passer par là.

TOINETTE, *au public.*

AIR : *De Lauzun.*

Messieurs, nous n'avons pas l'orgueil,
Pour quelques scènes décousues,
D'obtenir un brillant accueil,
Un succès allant jusqu'aux nues.

NINI, *de même.*

Mais, par état, nous redoutons très fort,
Un vent contraire, une culbute.
Pour nous, Messieurs, il y va de la mort,
Si nous n'avons un parachute.

TOUS.

Ce soir, Messieurs, sauvez-nous de la mort,
En nous servant de parachute.

REPRISE DU CHŒUR.

Par un contrat, un hyménée, etc.

FIN.

POISSY. — Typographie Arbieu.

www.ingramcontent.com/pod-product-compliance
Lightning Source LLC
LaVergne TN
LVHW011410170726
843501LV00006B/2117